Die Feldmaus und die Stadtmaus

Schöne Märchen für kleine Kinder
Neu erzählt und illustriert von Sophie Windham

Band 2

Gerstenberg Verlag

Für Bruce und Lily

Die Deutsche Bibliothek – CIP-Einheitsaufnahme

Windham, Sophie:
Schöne Märchen für kleine Kinder / neu erzählt und ill. von Sophie Windham. [Aus dem Engl. übertr. von Antje Hohenstein]. – Hildesheim: Gerstenberg.
NE: HST
Bd. 2 Die Feldmaus und die Stadtmaus. – 1993
ISBN 3-8067-4122-0

Miniaturausgabe ausgewählter Märchen aus dem Sammelband „Vom Hahn, der Maus und der kleinen roten Henne“

Aus dem Englischen übertragen von Antje Hohenstein
Die Originalausgabe erschien unter dem Titel „The Orchard Book of Nursery Stories“ bei Orchard Books, London.

Printed in Belgium
ISBN 3-8067-4122-0

Inhalt

Wunderwinzig

Es war einmal eine wunderwinzige Frau, die lebte in einem wunderwinzigen Haus in einem wunderwinzigen Dorf.

Eines Tages aber nahm sie ihren wunderwinzigen Hut und machte einen wunderwinzigen Spaziergang. Sie kam an ein wunderwinziges Tor. Sie ging durch das wunderwinzige Tor und kam auf einen wunderwinzigen Friedhof. Auf diesem wunderwinzigen Friedhof sah sie einen wunderwinzigen Knochen auf einem wunderwinzigen Grab. Da sagte sie:

„Aus diesem wunderwinzigen Knochen mache ich mir einen wunderwinzigen Teller Suppe.“

So packte die wunderwinzige Frau den wunderwinzigen Knochen in ihre wunderwinzige Tasche und spazierte zurück zu ihrem wunderwinzigen Haus.

Zu Hause war sie ein wunderwinziges bißchen müde. Sie legte den wunderwinzigen Knochen in ein wunderwinziges Schränkchen. Dann ging die wunderwinzige Frau in ihr wunderwinziges Bett und schlief ein. Bald aber wurde sie von einem wunderwinzigen Stimmchen aus dem wunderwinzigen Schränkchen geweckt. Es jammerte:

„Gib mir meinen Knochen zurück!“

Die wunderwinzige Frau bekam einen wunderwinzigen Schrecken. Deshalb zog sie sich die wunderwinzige Bettdecke über ihren wunderwinzigen Kopf und schlief wieder ein.

Noch einmal rief das wunderwinzige Stimmchen, diesmal ein wunderwinziges bißchen lauter:

„Gib mir meinen Knochen zurück!“

Die wunderwinzige Frau erschrak diesmal ein

wunderwinziges bißchen mehr. Deshalb zog sie sich die wunderwinzige Bettdecke ein wunderwinziges bißchen weiter über ihren wunderwinzigen Kopf.

Doch das wunderwinzige Stimmchen forderte noch ein wunderwinziges bißchen lauter:

„Gib mir meinen Knochen zurück!“

Da streckte die wunderwinzige Frau ihren wunderwinzigen Kopf unter der wunderwinzigen Bettdecke hervor und rief laut:

„Dann nimm ihn doch endlich!“

Die Rübe

Es war einmal ein alter Mann, der arbeitete das ganze Jahr über in seinem Gemüsegarten, damit er und seine alte Frau zu essen hatten.

An einem schönen Frühlingstag zog er eine lange Furche in ein Beet, und er legte Rübensamen hinein. Dann harkte er Erde darüber und goß das Beet.

„Wachst, Körnchen, wachst“, murmelte er.

Und das taten die Samenkörner auch. Bald lugten die ersten kleinen Blätter aus der Erde, und die Pflanzen wurden groß und kräftig.

Eine der Rüben aber wuchs schneller als alle anderen. Sie wuchs und wuchs. Zuerst war sie doppelt so groß wie die anderen Rüben, dann viermal so groß, dann achtmal so groß, und sie wuchs immer weiter und weiter.

Eines Tages fragte die alte Frau den alten Mann: „Können wir die Riesenrübe nicht herausziehen? Dann haben wir heute abend einen leckeren Eintopf."

Da ging der alte Mann hinaus in den Garten, pack-

te die Riesenrübe und zog. Die aber bewegte sich nicht, nicht ein bißchen.

Da rief der alte Mann seine alte Frau. Die alte Frau zog an dem alten Mann, und der alte Mann zog an der Riesenrübe. Die aber bewegte sich nicht, nicht ein bißchen.

Da rief die alte Frau ein kleines Mädchen aus der Nachbarschaft. Das kleine Mädchen zog an der alten Frau, und die alte Frau zog an dem alten Mann, und der alte Mann zog an der Riesenrübe. Die aber bewegte sich nicht, nicht ein bißchen.

Da rief das kleine Mädchen seinen kleinen Bruder. Der kleine Bruder zog an dem kleinen Mädchen, und das kleine Mädchen zog an der alten Frau, und die alte Frau zog an dem alten Mann, und der alte Mann zog an der Riesenrübe. Die aber bewegte sich nicht, nicht ein bißchen.

Da rief der kleine Bruder seinen Hund. Der Hund zog an dem kleinen Bruder, und der kleine Bruder zog an dem kleinen Mädchen, und das kleine Mädchen zog an der alten Frau, und die alte Frau zog an dem

alten Mann, und der alte Mann zog an der Riesenrübe. Die aber bewegte sich nicht, nicht ein bißchen.

Da rief der Hund die Katze. Die Katze zog an dem Hund, und der Hund zog an dem kleinen Bruder, und der kleine Bruder zog an dem kleinen Mädchen, und das kleine Mädchen zog an der alten Frau, und die alte Frau zog an dem alten Mann, und der alte Mann zog an der Riesenrübe. Die aber bewegte sich nicht, nicht ein bißchen.

Da rief die Katze die Maus. Die Maus zog an der Katze, und die Katze zog an dem Hund, und der Hund

zog an dem kleinen Bruder, und der kleine Bruder zog an dem kleinen Mädchen, und das kleine Mädchen zog an der alten Frau, und die alte Frau zog an dem alten Mann, und der alte Mann zog an der Riesenrübe, und der Boden bekam Risse, und die Erde gab nach, und die Riesenrübe kam heraus.

Zum Abendessen gab es eine riesige Schüssel mit Rübeneintopf. Und für die Maus, die Katze, den Hund, den kleinen Bruder, das kleine Mädchen, die alte Frau und den alten Mann war es das leckerste Essen, das sie jemals gegessen hatten.

Der Hase und der Igel

Es war einmal ein Igel, der lebte mit seiner Frau zwischen einem Rübenfeld und einem Kohlfeld.

An einem Sommermorgen machte der Igel einen Spaziergang über seine Felder. Er wollte nach den Rüben sehen. Da traf der Igel den Hasen. Der knabberte an seinem Kohl.

Der Igel war zu jedem freundlich und sagte nur: „Guten Morgen, Hase, schönes Wetter, nicht?“

Aber der Hase tat, als bemerkte er den Igel nicht, und fraß weiter vom Kohl.

„Ich wollte gerade einen Morgenspaziergang zu meinen Rüben machen“, sagte der Igel.

„Ein Morgenspaziergang, soso,“ spottete der Hase, „und das mit deinen Stummelbeinchen!“

Der Igel ärgerte sich. Er wußte, daß seine Beine kurz waren, aber sie trugen ihn, wohin er wollte. Daher sagte er:

„Mach dich ruhig lustig. Ich wette, ich gewinne jedes Wettrennen gegen dich.“

„Was sagst du da?“ lachte der Hase. „Niemand kann schneller laufen als ich. Dein Rennen bekommst du. Und dann werden wir sehen, wer gewinnt. Wenn

du schneller bist als ich, schenke ich dir eine Goldmünze und eine Flasche Schnaps.“

„Abgemacht,“ sagte der Igel, „aber ich muß noch frühstücken. In einer halben Stunde treffen wir uns am Ende des Rübenfeldes.“

Der Igel war schlauer als der Hase. Er lief nach Hause und erklärte seiner Frau seinen Plan:

„Ich habe mit dem Hasen gewettet. Komm mit und hilf mir. Du mußt dich am Ende des Rübenfeldes verstecken, und wenn du den Hasen kommen siehst, richtest du dich auf und rufst ihm entgegen: ‚Ich bin schon da!’ Er wird denken, daß ich es bin.“

Der Igel lief über das Feld zum Hasen. Der wartete schon auf ihn.

„Ich bin fertig“, sagte der Igel. „Du läufst in die-

ser Furche, und ich nehme die andere."

Der Hase und der Igel stellten sich am Feldrand auf. Der Hase rief:

„Auf die Plätze, fertig, los!" und lief los. Er war schnell wie der Wind. Auch der Igel lief einige Schritte mit. Dann aber versteckte er sich in seiner Furche.

Als der Hase am Ziel auf der anderen Seite des Feldes ankam, rief ihm jemand entgegen:

„Holla, Hase, ich bin schon da!"

Und die Igelfrau streckte ihren Kopf aus ihrer Furche. Der Hase dachte, daß es der Igel wäre.

„Wie hast du das geschafft? Da stimmt doch etwas nicht!" rief der Hase. „Wir laufen noch einmal."

Diesmal lief der Hase mit der Igelfrau um die Wette. Als der Hase die Ziellinie erreichte, steckte der Igel

seinen Kopf aus seiner Furche und rief ihm entgegen:

„Holla, Hase, ich bin schon da!“

„Du kannst doch nicht schneller laufen als ich. Wir versuchen es noch einmal,“ sagte der Hase.

Aber sooft der Hase und der Igel auch liefen, das Ergebnis war immer gleich.

Schließlich brach der Hase erschöpft zusammen. „Also gut, du hast gewonnen“, murmelte er und schnappte nach Luft. „Aber ich verstehe immer noch nicht, wie du das geschafft hast. Ich muß dir die Goldmünze und die Flasche Schnaps geben. Darum hatten wir gewettet.“

Der Igel war sehr zufrieden, weil er den Hasen überlistet hatte. Er nahm die Goldmünze, klemmte sich die Flasche Schnaps unter den Arm und ging mit seiner Frau nach Hause. Und wenn sie nicht gestorben sind, dann leben sie noch heute.

Das häßliche Entlein

Es war einmal eine Entenmutter. Die lebte mit ihren neun Kindern an einem See. Acht waren schöne, gelbe, flaumige Küken, das neunte aber war häßlich grau und hatte einen langen, dünnen Hals.

„Was bist du nur für ein häßliches Entlein!" sagte die Entenmutter oft zu ihm, und seine Geschwister hackten nach ihm und wollten es wegjagen:

„Du gehörst nicht zu uns! Du bist zu häßlich! Geh fort! Wir wollen dich nicht bei uns haben."

So hielt sich das häßliche Entlein von seinen Geschwistern fern. Wenn die Entenmutter mit ihren Küken am Seeufer spazierenging und ihnen das Schwimmen und Tauchen beibrachte, blieb das häßliche Entlein traurig hinter den anderen zurück.

Bald konnten die Küken gut schwimmen, und die Mutter nahm sie zu einem Besuch bei den Enten am anderen Seeufer mit.

Sie schwamm voran, und die Küken schwammen in einer langen Reihe hinter ihr her. Auch diesmal war das häßliche Entlein hinten und watschelte als letztes aus dem Wasser.

Als die anderen Enten es sahen, ärgerten sie es.

„Was bist du denn für ein häßliches Wesen?“ sagte ein Enterich und gab ihm einen Puff.

„Das kann keine Ente sein", sagte ein anderer.

„Ich bin aber eine Ente – genauso wie ihr", schluchzte das häßliche Entlein. Und es lief fort und versteckte sich im Schilf, damit die anderen Enten es nicht auslachten.

Bald wurde es dunkel. Das häßliche Entlein wollte zu seiner Mutter, aber es wußte nicht, wohin sie gegangen war. Es lief am Seeufer entlang und konnte den Weg nach Hause nicht finden. Da fühlte es sich sehr klein und einsam. Es kuschelte sich ins Gras und schlief ein. Wie gern wäre es zu Hause bei seiner

Mutter gewesen, obwohl es dort immer gehänselt worden war.

Am nächsten Morgen suchte das häßliche Entlein im Wasser nach Futter. Da kamen zwei Wildenten vorbeigeflogen.

„Was bist du denn für ein Vogel?“ fragte die eine Wildente das häßliche Entlein.

„Ich bin eine Ente“, sagte das häßliche Entlein.
„Eine komische Ente“, sagte die andere Wildente.

Da lief das häßliche Entlein vor den Wildenten davon und stolperte durch Sumpf, über Felder und Wiesen, bis es zu einem anderen See kam.

„Hier will ich bleiben,“ sagte es, „hier gibt es Schilf, wo ich mich verstecken kann.

Und genug Futter gibt es auch."

So blieb das häßliche Entlein den ganzen Winter dort. Es wurde kalt, und ein eisiger Wind blies.

Eines Tages aber sah es Schwäne nach Süden fliegen. Das häßliche Entlein blickte ihnen lange nach. Sie waren so wunderschön, wenn sie langsam mit ihren großen, weißen Flügeln schlugen und am Himmel entlangzogen.

„Warum kommst du nicht mit uns mit?" riefen sie zu dem häßlichen Entlein hinunter.

„Wartet, ich komme!" rief es zu ihnen hinauf. Und es schlug mit den Flügeln und versuchte, sich in die Luft zu erheben. Aber es gelang ihm nicht, und die Schwäne waren bald schon weit fort.

Der Winter war sehr lang. Eines Tages aber spürte das häßliche Entlein warme Sonnenstrahlen auf seinem Rücken. Und es breitete seine Flügel aus. Die waren jetzt groß und stark und hoben das häßliche Entlein in die Luft.

„Ich fliege, ich fliege wirklich!“ rief es.

Es flog weiter und weiter, bis es an einen breiten Fluß kam. Dort sah es große weiße Schwäne dahingleiten.

„Komm zu uns“, sagten die Schwäne.

„Ich? Meint ihr wirklich?“ fragte das häßliche Entlein. „Ich bin doch nur ein häßliches Entlein. Ich passe gar nicht zu euch.“

„Wieso ein Entlein? Du bist ein Schwan wie wir. Sieh dich an“, sagte einer der Schwäne.

Und das häßliche Entlein blickte hinunter aufs Wasser. Dort aber sah es kein häßliches Entlein, sondern einen wunderschönen Schwan. Die anderen Schwäne nahmen es in die Mitte, und zusammen schwammen sie den Fluß hinunter. Und das häßliche Entlein, das ein wunderschöner Schwan geworden war, war sehr glücklich.

Die Feldmaus und die Stadtmaus

Es war einmal eine Feldmaus, die lebte in einem Häuschen unter einer Hecke. Jeden Tag fegte sie es aus. Dann lief sie hinaus auf die Felder und sammelte Körner, Nüsse und Früchte als Vorrat für den Winter. Sie mußte sich plagen, aber sie war zufrieden. Denn sie hatte alles, was sie zum Leben brauchte.

Eines Tages kam ihre Kusine aus der Stadt zu Besuch. Die Feldmaus freute sich, die Stadtmaus wiederzusehen, und machte ihr ein Bett aus duftendem Heu. Dann sammelte sie die dicksten Nüsse, Ähren und Beeren, die sie finden konnte.

Aber schon beim Essen sagte die Stadtmaus: „Liebe Kusine, ißt du denn nie etwas anderes? Du mußt mich einmal besuchen. Ich lebe in einem feinen, großen Haus. Dort gibt es köstliches Essen. Wenn ich Hunger habe, bediene ich mich."

Nach dem Essen zeigte die Feldmaus der Stadtmaus das Bett, das sie vorbereitet hatte.

„Soll ich auf diesem Heuhaufen schlafen?" fragte die Stadtmaus. „Ich werde kein Auge zutun. Zu Hause habe ich ein weiches Federbett. Komm mit und probier es aus."

Die Stadtmaus kuschelte sich dennoch ins Heu und schlief schnell ein. Die Feldmaus aber lag noch lange wach. Sie mußte immerzu an das feine, große Haus in der Stadt denken und an das weiche Federbett. Ach, könnte sie das alles einmal sehen!

Am nächsten Tag nahm die Feldmaus die Stadtmaus mit zum Kornfeld. Aber die Stadtmaus jam-

merte, weil die Halme sie kratzten. Und dann mußten sie sich auch noch vor einem Wiesel verstecken.

„Was für ein gräßliches Tier!“ rief die Stadtmaus. „Wie kannst du es hier bloß aushalten?“

Die Feldmaus brachte die Stadtmaus schnell zurück in ihr Häuschen und servierte ihr köstliche Beeren zum Mittagessen.

Aber die Stadtmaus sagte nur: „Das Landleben liegt mir nicht. Morgen werde ich abreisen. Komm doch für ein paar Tage mit. Du wirst sehen, in der Stadt lebt man besser.“

„Oh ja, vielen Dank, ich komme gern mit“, sagte die Feldmaus. Am nächsten Tag schloß sie ihr Häuschen ab, und die beiden Mäuse machten sich auf den Weg in die Stadt.

Es wurde schon dunkel, als sie die Stadt erreichten, und die hellen Lichter der Fenster und Straßenlaternen blendeten die Feldmaus. Die Stadtmaus lief schnell voraus, und die Feldmaus blieb dicht hinter ihr, weil sie vor den Lichtern und den schweren Schritten der Menschen Angst hatte.

Dann kamen sie zu dem Haus der Stadtmaus. Es war so groß und fein, wie sie es beschrieben hatte.

„Hier entlang“, sagte die Stadtmaus und verschwand in einem Loch in der Mauer.

Die Feldmaus folgte ihr durch einen langen, dunklen Gang bis in die Küche. Sie fühlte sich gleich besser, denn da stand ein Tisch mit wunderbaren Sachen: Brot und Butter, Obstkuchen, eine Ecke Käse, eine Schüssel Erdbeeren und ein Kännchen Sahne.

„Du kannst so viel davon essen, wie du willst“, sagte die Stadtmaus.

Die Feldmaus kletterte auf den Tisch und knabberte am Käse. Da ging die Tür plötzlich auf, und der Koch kam herein. Die Feldmaus schlüpfte hinter die Erdbeeren und duckte sich. Sie zitterte vor Angst.

Dann war der Koch wieder fort, und die Feldmaus sah sich nach ihrer Kusine um. Aber sie konnte sie nirgends entdecken. Sie sah nur eine riesige Katze. Die hockte neben dem Feuer.

Die arme Feldmaus wußte nicht, was sie tun sollte. Wo war bloß die Stadtmaus? Die Feldmaus glaubte schon, sie würde ihr Häuschen unter der Hecke nie wiedersehen.

Da aber hörte sie die Stadtmaus flüstern: „Hierher, Kusine, du mußt rennen!“

Die Feldmaus kletterte vom Tisch und flitzte über den Fußboden zur Stadtmaus hinüber. Zusammen schlüpften sie durch das nächste Loch in der Fußbodenleiste.

Die Feldmaus zitterte am ganzen Körper, aber die Stadtmaus lachte nur.

„Reg dich nicht auf“, sagte sie, „verlaß dich drauf, morgen gibt es wieder ein gutes Essen.“

In dieser Nacht kuschelte sich die Feldmaus in das Federbett der Stadtmaus. Aber sie lag die ganze Nacht wach und hörte, wie die Katze vor dem Mauseloch maunzte.

Am nächsten Tag sagte die Feldmaus zur Stadtmaus: „Es war nett, daß du mir dein Zuhause gezeigt hast. Doch nun muß ich mich auf den Weg machen.“

„Aber du kannst doch nicht ohne ein ordentliches Essen gehen,“ rief die Stadtmaus, „außerdem gibt es in der Stadt noch so viel zu sehen.“

„Ich finde, ich habe genug gesehen. Vielen Dank!“

sagte die Feldmaus. Sie verabschiedete sich hastig, schlüpfte durch das Loch in der Wand und lief und lief, bis sie wieder zu Hause ankam.

Von da an blieb sie in ihrem Häuschen unter der Hecke. Auf den Feldern sammelte sie Körner, Nüsse und Früchte. Und sie träumte nie wieder davon, in der Stadt zu leben.

Gickel-Gackel

Gickel-Gackel spazierte eines Tages über den Hühnerhof. Da fiel ihr plötzlich eine Eichel auf den Kopf.

„Hilfe!“ gackerte Gickel-Gackel, „der Himmel stürzt ein. Das muß ich sofort dem König erzählen.“ Sie flatterte los. Unterwegs traf sie Gickel-Gockel.

„Wohin so eilig, Gickel-Gackel?“ fragte Gickel-Gockel.

„Der Himmel stürzt ein. Das muß ich dem König erzählen“, sagte Gickel-Gackel.

„Ich komme mit“, krähte Gickel-Gockel.

Also machten sich Gickel-Gackel und Gickel-Gockel zu zweit auf den Weg zum König. Unterwegs trafen sie Antchen-Tantchen.

„Wohin so eilig, Gickel-Gackel und Gickel-Gockel?“ fragte Antchen-Tantchen.

„Der Himmel stürzt ein. Das müssen wir dem König erzählen“, sagten Gickel-Gackel und Gickel-Gockel.

„Ich komme mit“, schnatterte Antchen-Tantchen.

Also machten sich Gickel-Gackel, Gickel-Gockel und Antchen-Tantchen zu dritt auf den Weg zum König. Unterwegs trafen sie Hänsel-Gänsel.

„Wohin so eilig, Gickel-Gackel, Gickel-Gockel und Antchen-Tantchen?“ fragte Hänsel-Gänsel.

„Der Himmel stürzt ein. Das müssen wir dem König erzählen“, sagten Gickel-Gackel, Gickel-Gockel und Antchen-Tantchen.

„Ich komme mit“, schnatterte Hänsel-Gänsel.

Also machten sich Gickel-Gackel, Gickel-Gockel, Antchen-Tantchen und Hänsel-Gänsel zu viert

auf den Weg zum König. Unterwegs trafen sie Puter-Bruder.

„Wohin so eilig, Gickel-Gackel, Gickel-Gockel, Antchen-Tantchen und Hänsel-Gänsel?“ fragte Puter-Bruder.

„Der Himmel stürzt ein. Das müssen wir dem König erzählen“, sagten Gickel-Gackel, Gickel-Gockel, Antchen-Tantchen und Hänsel-Gänsel.

„Ich komme mit“, sagte Puter-Bruder.

Also machten sich Gickel-Gackel, Gickel-Gockel,

Antchen-Tantchen, Hänsel-Gänsel und Puter-Bruder zu fünft auf den Weg zum König. Unterwegs trafen sie Luchs-Fuchs.

„Wohin so eilig, Gickel-Gackel, Gickel-Gockel, Antchen-Tantchen, Hänsel-Gänsel und Puter-Bruder?“ fragte Luchs-Fuchs.

„Der Himmel stürzt ein. Das müssen wir dem König erzählen“, sagten Gickel-Gackel, Gickel-Gockel, Antchen-Tantchen, Hänsel-Gänsel und Puter-Bruder.

„Da seid ihr auf dem falschen Weg“, sagte Luchs-Fuchs listig. „Soll ich euch helfen? Ich kann euch den richtigen Weg zeigen.“

„O ja, bitte!“ riefen alle.

Also machten sich Gickel-Gackel, Gickel-Gockel, Antchen-Tantchen, Hänsel-Gänsel, Puter-Bruder und Luchs-Fuchs zu sechst auf den Weg zum König. Bald aber standen sie vor der dunklen Höhle von Luchs-Fuchs. Der sagte:

„Bitteschön, hier seid ihr auf dem richtigen Weg zum König. Ihr müßt mir nur folgen.“

Und Luchs-Fuchs kroch in seinen Bau hinein, und Puter-Bruder, Hänsel-Gänsel, Antchen-Tantchen, Gickel-Gockel und Gickel-Gackel folgten ihm. Nach wenigen Schritten aber drehte sich Luchs-Fuchs um, und dann verschlang er - HAPS - Puter-Bruder, und danach verschlang er - HAPS - Hänsel-Gänsel, und zuletzt verschlang er - HAPS - Antchen-Tantchen.

Luchs-Fuchs schnappte schon nach Gickel-Gockel, der aber konnte gerade noch krähen: „Gickel-Gackel, rette dich!“

Und - HAPS - war auch der arme Gickel-Gockel verschlungen.

Gickel-Gackel aber lief den weiten Weg zum Bauernhof zurück, so schnell sie konnte. Und nie hat sie dem König erzählt, daß der Himmel einstürzt.

Rotkäppchen

Es war einmal ein kleines Mädchen, das hatte jeder lieb. Am allerliebsten aber hatte es die Großmutter. Einmal schenkte sie dem kleinen Mädchen einen roten Mantel mit einer roten Kapuze. Das kleine Mädchen sah wunderschön damit aus. Und weil es nichts anderes mehr anziehen wollte, wurde es von allen Rotkäppchen genannt.

Eines Tages sagte die Mutter zu Rotkäppchen: „Großmutter ist krank und schwach. Da hast du einen

Korb mit Essen, das wird der Großmutter guttun. Bring ihn schnell zu ihr. Aber bleib auf dem Weg. Und sprich mit niemandem im Wald ein Wort."

Rotkäppchen versprach es. Es verabschiedete sich von seiner Mutter, nahm den Korb und ging in den Wald. Dort sah es den Holzfäller, und es winkte ihm freundlich zu.

Bald darauf traf es den Wolf. Rotkäppchen aber wußte nicht, was das für ein gefährliches Tier war.

„Guten Morgen, Rotkäppchen", sagte der Wolf. „Wohin gehst du?"

„Zur Großmutter", sagte Rotkäppchen freundlich. „Sie wohnt mitten im Wald, und sie ist krank und schwach. Deshalb bringe ich ihr diesen Korb mit Essen."

„Willst du der Großmutter nicht einen Blumenstrauß schenken?" fragte der Wolf.

„O ja, das werde ich tun!" rief Rotkäppchen. „Die Großmutter wird sich darüber freuen." Und es begann, viele Blumen zu pflücken und kam dabei immer weiter vom Weg ab.

Der Wolf aber lief zum Haus der Großmutter und klopfte an die Tür.

„Wer ist da?“ rief die Großmutter.

„Ich bin es, Rotkäppchen“, sagte der Wolf mit verstellter Stimme.

„Drück die Klinke hinunter und komm herein, mein liebes Kind“, sagte die Großmutter. „Ich bin zu schwach und kann nicht aufstehen.“

Der Wolf stieß die Tür auf und sprang in das Haus. Dann schnappte er einmal zu und verschlang die Großmutter. Er zog ihr Nachthemd an, setzte sich ihre Nachthaube auf und legte sich in ihr Bett.

Bald darauf kam Rotkäppchen mit seinem Korb und einem großen Blumenstrauß zum Haus der Großmutter. Rotkäppchen klopfte an die Tür.

„Wer ist da?“ rief der Wolf mit verstellter Stimme.

„Ich bin es, Rotkäppchen“, sagte Rotkäppchen. „Ich habe dir etwas Schönes mitgebracht.“

„Drück die Klinke hinunter und komm herein, mein liebes Kind“, sagte der Wolf. „Ich bin zu schwach und kann nicht aufstehen.“

Rotkäppchen drückte die Klinke hinunter und ging ins Haus.

Es stellte den Korb und die Blumen auf den Nachttisch. Dann sah es zum Bett und fragte ängstlich:

„Aber Großmutter, warum hast du so große Augen?“

„Damit ich dich besser sehen kann“, antwortete der Wolf.

„Aber Großmutter, warum hast du so große Ohren?“ fragte Rotkäppchen.

„Damit ich dich besser hören kann“, antwortete der Wolf.

„Aber Großmutter, warum hast du so große Hände?“ fragte Rotkäppchen.

„Damit ich dich besser packen kann“, antwortete der Wolf.

„Aber Großmutter, warum hast du einen so großen Mund?“ fragte Rotkäppchen.

„Damit ich dich besser fressen kann“, rief der Wolf, sprang aus dem Bett und verschlang das arme Rotkäppchen.

Dann legte er sich wieder ins Bett, schlief ein und begann zu schnarchen.

Da kam der Holzfäller am Haus vorbei. Er hörte das laute Schnarchen und wunderte sich. Da trat er ins Haus und sah den Wolf. Der Holzfäller dachte: ‚Vielleicht hat der Wolf die Großmutter gefressen', und so nahm er eine Schere und schnitt damit den Bauch des Wolfes auf. Da sprang Rotkäppchen heraus, und seine Großmutter kam hinterher.

Rotkäppchen aber lief schnell aus dem Haus und holte schwere Steine. Die legte sie in den Bauch des Wolfes und nähte ihn wieder zu. Als der Wolf aber aufwachte und fortspringen wollte, fiel er tot um.

Da freuten sie sich, und Rotkäppchen sagte:

„Ich werde von nun an immer auf dem Weg bleiben und nie wieder mit Fremden sprechen, wenn es die Mutter verboten hat."